CHOCOLATE BAKE

ムラヨシマサユキ

主婦と生活社

はじめに

思い起こすと、小さなころから僕の記憶はお菓子のことばかりです。
特に、母がトースターで焼いてくれたお菓子が大好物でした。
その中でも、"チョコチップクッキー"は特別な存在で、
プレーン生地にときおり出てくるチョコチップが大好きで、大好きで、
チョコチップだけをほじくり出して、最後にまとめて食べる……という、
今だったら自分で自分を
叱りとばしたくなるような行動をとってしまうほどでした。

そんな僕がお菓子を作るようになり、
今回、うれしいことに、
「チョコレート菓子」の本を作ることになりました。

ただ、僕が言うのもなんですが……、
忙しい毎日の中で、お菓子作りってちょっと面倒臭い……ですよね?
しかもチョコレート菓子は、「温度」や「状態」に気を配ったり、
"製菓用チョコレート"を使ったりと、とっても大変。
食べるまでに、買い物や難しい作り方に
挫折したことがある人も多いのではないでしょうか。

だからこそ、この『CHOCOLATE BAKE』では、
市販の板チョコレートで気軽に作れる、
"チョコ焼き菓子"を集めよう! と考えました。
目指したのは「ただ混ぜるだけで作れる」とか、
「多少間違っても、形になる」など、
簡単なのはもちろん、たとえちょっと失敗しても、
「おいしいね!」と、笑ってほおばることのできる、日常のお菓子です。

はじめて手作りに挑戦する、
大切な人といっしょに食べる、喜んでもらえる……。
そんなお菓子とともに過ごす時間が、
この本を手にとってくださった方の、
大切な思い出になったら、とてもうれしいなぁと思います。

ムラヨシマサユキ

はじめに ……………………… 02
CHOCOLATE BAKEのこと ……………… 06

CHOCOLATE BAKE
COOKIE

DROP COOKIE
グラノーラとチョコチップのクッキー ……… 12
マーマレードとホワイト
チョコチップのクッキー ………………… 14
カフェモカチョコチップクッキー ………… 14
ピーナッツバターのチョコチップクッキー … 16

CRISPY DROP COOKIE
オレンジとココアのクリスピークッキー …… 18
マカダミアナッツとココナッツの
クリスピークッキー ……………………… 20

ICEBOX COOKIE
ココアクッキー ……………………… 22
チーズと白ごまのクッキー ……………… 24
ミントとアーモンドのクッキー …………… 24
ホワイトチョコチップのきな粉クッキー … 26
チョコレートディップの
ヘーゼルナッツクッキー ………………… 28
ホワイトチョコディップの
紅茶クッキー ……………………… 30
ホワイトチョコディップの
ほうじ茶クッキー ……………………… 30

SHORTBREAD
ココアショートブレッド ………………
黒ごまとホワイトチョコの
ショートブレッド ………………
スパイスココアのショートブレッド ……

SNOWBALL
ココアスノーボール ………………
しょうが風味のココアスノーボール ……
ブルーベリー入りブラックスノーボール

BISCOTTI
カシューナッツのココアビスコッティ …
メープルとピーカンナッツの
ココアビスコッティ ………………
チョコチップとココナッツの
ビスコッティ ………………

SCONE
全粒粉とチョコレートのスコーン ………
ホワイトチョコレートと
レーズンのスコーン ………………
黒ごまとあずきのココアスコーン ………

CHOCOLATE BAKE
CAKE

BROWNIE
ブラウニー ………………………… 60
マシュマロとキャラメルのブラウニー … 62
プルーンと黒糖のブラウニー ………… 62
はちみつレモンブロンディー ………… 64
白桃ブロンディー …………………… 66
抹茶とバナナのブロンディー ………… 66

MUFFIN
チョコとブルーベリーの
クランブルマフィン ………………… 68
クランブル …………………………… 69
マンゴーとココナッツのマフィン …… 70
干しいもとあんずのマフィン ………… 70
オレンジとチョコの
ココアクランブルマフィン ………… 72
ココアクランブル …………………… 73
オレンジのシロップ煮 ………………… 73
練乳入りココアクッキーマフィン …… 74
チョコレートクランブルマフィン …… 74

POUND CAKE
スパイシーチョコレートケーキ ……… 76
ラズベリーとチョコチップのケーキ … 78
ラムレーズンのチョコレートケーキ … 78
紅茶とホワイトチョコレートのケーキ … 80

GATEAU AU CHOCOLAT
ガトーショコラ ……………………… 82
甘納豆とシナモンのガトーショコラ … 84
いちじくとウィスキーのガトーショコラ … 84
パイナップルのガトーショコラ ……… 86

道具のこと …………………………… 49
材料のこと …………………………… 50
ラッピング …………………………… 52

"NOT BAKE" CHOCOLATE
生チョコレート ……………………… 54
ホットチョコレート ………………… 55

寝ても覚めても、お菓子のこと ……… 56

この本の約束ごと

※小さじ1は5㎖、大さじ1は15㎖です。
※オーブンはあらかじめ設定温度に温めておきます。本書では電気オーブンを使用していますが、ガスオーブンを使用する場合は、焼き時間を3〜5分短く調整してください。また、機種によって焼き上がりに差があるので、お持ちのオーブンのクセをつかむことも大事です。もし焼き色にムラがある場合は、焼いている途中でお菓子の位置を前後入れ替えることで、焼き色が均一になります。
※電子レンジ（弱）は、200Wのものを使用しています。電子レンジは機種によって加熱具合に差があるので、様子を見ながら加熱してください。
※使用している板チョコレート1枚のg数は「ブラックチョコレート」が50g、「ホワイトチョコレート」が40gです。
※保存期間は、常温でクッキー、スコーンは1週間、パウンドケーキは3〜4日、マフィンは2〜3日です。また、ブラウニーとガトーショコラは、冷蔵で1週間です。ただし、あくまで目安ですので、なるべく早めに食べ切りましょう。

CHOCOLATE BAKE のこと

板チョコで手軽に作れます

この本で使用しているチョコレートはすべて、スーパーやコンビニなど、どこにでも売っている板チョコです。大人も子どもも親しみやすい味で、扱い方もラク。ちょっと高級な製菓用チョコレートを使わなくても香りや風味まで楽しめる、とびきりおいしい焼き菓子が作れるレシピです

特別な材料も道具も必要ありません

せっかくお菓子を作ろうと思っても、なかなか材料や調理道具がそろわないと、それだけで大変。でも「CHOCOLATE BAKE」なら、必要なものはすべて身近なものばかり。無理なく用意することができます。材料と道具の詳細は、P49～51でも紹介していますので、合わせてご確認ください。

ぐるぐる混ぜるだけで簡単!

「卵黄と卵白を別々で混ぜる」や「卵白は八分立てにする」などの工程は、ちょっぴり面倒だったり、時に失敗の原因になることも。でも「CHOCOLATE BAKE」では、材料をただ順番に入れて混ぜるだけなので、難しい工程はありません。はじめてでも、楽しく作ることができます。

何度も何度も作りたくなるおいしさです

簡単に作れて、失敗もなく、しかも驚くほどおいしい。だから、ついつい作りたくなってしまう……それが「CHOCOLATE BAKE」です。焼きたての香りとサクッとした食感は、手作りだからこそ味わえる、贅沢なもの。自分へのご褒美としてはもちろん、大切な人へのプレゼントとしても重宝します。

型に入れる

焼く!

CHOCOLATE BAKE

……たったこれだけで
「CHOCOLATE BAKE」が完成

COOKIE

CHOCOLATE BAKE

素朴なおいしさを楽しむもの、
美しい見た目に心が躍るもの……。
サクサクとした歯ざわりや、
口の中でほろほろと崩れる食感は、
お腹も心も幸せで満たしてくれます。
お店に負けないこの味を、おうちでもどうぞ。

DROP COOKIE

材料を混ぜ、スプーンで落として焼くだけのクッキーは
お菓子作りがはじめてでも、手軽に作れるのがいいところ。
一度にたくさん作れるので、プレゼントスイーツとしても大活躍！

DROP COOKIE 01# | グラノーラとチョコチップのクッキー

飽きのこない、シンプルなおいしさが人気！
グラノーラを加えたザクザクとした食べごたえにも大満足です。

[材料] 13〜14個分

ブラックチョコレート…1枚
A 薄力粉…130g
　ベーキングパウダー
　　…小さじ1/3

B 卵…1個
　砂糖…40g
　塩…ひとつまみ
　牛乳…小さじ2
米油（またはサラダ油）…50g
グラノーラ…100g

[下準備]
- チョコレートは粗く刻む。
- **A**は合わせてざるでふるう。

[作り方]

1. 混ぜる

ボウルに**B**を表記順に入れて、

泡立て器で混ぜ合わせ、

米油を加えてしっかり混ぜ合わせる。

Aも加えて粉っぽさが少し残るくらいにへらでざっくりと混ぜ、

2. 形を整える

3. 焼く

グラノーラ、チョコレートを加えて生地をボウルの側面に押しつけるようにして、生地に具材を均一に混ぜ合わせる。

スプーンで生地を3〜4cm大にすくってオーブン用シートを敷いた天板に間隔をあけて並べる。

フォークの背で生地の中心をヘコませるようにしてしっかりと押し、直径5〜6cmに丸く形を整える。

180度に温めたオーブンに入れ、20分ほど焼く。取り出して天板にのせたまま冷ます。

DROP COOKIE 02# マーマレードとホワイトチョコチップのクッキー

ビターな生地に、ミルキーなホワイトチョコが好相性。
マーマレードを真ん中にのせ、見栄えよく華やかに。

[材料] 13〜14個分

ホワイトチョコレート … 1枚
A 薄力粉 … 160g
　ココアパウダー … 20g
　ベーキングパウダー … 小さじ1/3
B 卵 … 1個
　砂糖 … 40g
　塩 … ひとつまみ
　牛乳 … 小さじ2
米油（またはサラダ油）… 50g
マーマレード … 50g

[下準備]

- チョコレートは粗く刻む。
- **A**は合わせてざるでふるう。

[作り方]

1. ボウルに**B**を表記順に入れて泡立て器で混ぜ合わせ、米油を加えてしっかり混ぜ合わせる。**A**も加えて粉っぽさが少し残るくらいにへらでざっくりと混ぜ、チョコレートを加えて生地をボウルの側面に押しつけるようにして混ぜ合わせる。

2. スプーンで**1**を3〜4cm大にすくってオーブン用シートを敷いた天板に間隔をあけて並べ、フォークの背でしっかり押して直径5〜6cmに丸く形を整える。さらに中心をヘコませ、マーマレードを小さじ1/2ずつのせる。

3. 180度に温めたオーブンに**2**を入れ、20分ほど焼く。取り出して天板にのせたまま冷ます。

DROP COOKIE 03# カフェモカチョコチップクッキー

ふわっと広がるコーヒーの香りで、さらに風味よく!
ブラックチョコレートと合わせ、控えめな甘さに。

[材料] 13〜14個分

ブラックチョコレート … 1枚
A 薄力粉 … 160g
　ベーキングパウダー … 小さじ1/3
B コーヒー（粉末）、牛乳 … 各小さじ2
C 卵 … 1個
　砂糖 … 40g
　塩 … ひとつまみ
米油（またはサラダ油）… 50g

[下準備]

- チョコレートは粗く刻む。
- **A**は合わせてざるでふるう。
- **B**は混ぜ合わせ、コーヒーを溶かす。

[作り方]

1. ボウルに**C**、**B**の順に入れて泡立て器で混ぜ合わせ、米油を加えてしっかり混ぜ合わせる。**A**も加えて粉っぽさが少し残るくらいにへらでざっくりと混ぜ、チョコレートを加えて生地をボウルの側面に押しつけるようにして混ぜ合わせる。

2. スプーンで**1**を3〜4cm大にすくってオーブン用シートを敷いた天板に間隔をあけて並べ、フォークの背でしっかり押して直径5〜6cmに丸く形を整える。

3. 180度に温めたオーブンに**2**を入れ、20分ほど焼く。取り出して天板にのせたまま冷ます。

DROP COOKIE 04# ピーナッツバターのチョコチップクッキー

ピーナッツバター×ピーナッツのダブル使い。
コクたっぷり！ 濃厚な味わいを楽しめます。

[材料] 13～14個分

ブラックチョコレート … 1枚
A 薄力粉 … 140g
　ベーキングパウダー … 小さじ1/3
B 卵 … 1個
　砂糖 … 40g
　塩 … ひとつまみ
　牛乳 … 小さじ2
ピーナッツバター（無糖）… 40g
米油（またはサラダ油）… 20g
ピーナッツ（ローストタイプ）… 30g

[下準備]

- チョコレートは粗く刻む。
- **A**は合わせてざるでふるう。

[作り方]

1. ボウルに**B**を表記順に入れて泡立て器で混ぜ合わせ、ピーナッツバター、米油を加えてしっかり混ぜ合わせる。**A**も加えて粉っぽさが少し残るくらいにへらでざっくりと混ぜ、チョコレート、ピーナッツを加えて生地をボウルの側面に押しつけるようにして混ぜ合わせる。

2. スプーンで**1**を3～4cm大にすくってオーブン用シートを敷いた天板に間隔をあけて並べ、フォークの背でしっかり押して直径5～6cmに丸く形を整える。

3. 180度に温めたオーブンに**2**を入れ、20分ほど焼く。取り出して天板にのせたまま冷ます。

CRISPY DROP COOKIE

卵白のみを用いることで、カリッとした軽い口当たりに。
同じドロップクッキーでも、味わいは全くの別モノ！
どちらも簡単に作れるので、異なるおいしさをいっしょに楽しむのも◎。

DROP COOKIE 05# オレンジとココアのクリスピークッキー

オレンジとココアの絶妙な組み合わせに、ハマりそう。
食べるところによって、少しずつ食感が変化するのも魅力的。

[材料] 10〜12個分

アーモンド (ローストタイプ) … 50g
A 薄力粉 … 30g
　ココアパウダー … 小さじ1と1/2
卵白 … 1/2個分 (20g)
グラニュー糖 … 100g
オレンジの皮のすりおろし … 1個分

[下準備]

- アーモンドは粗く刻む。
- **A**は合わせてざるでふるう。

[作り方]

1　ボウルに卵白、グラニュー糖を入れ、へらでよく混ぜ合わせる。**A**、オレンジの皮を加えて粉っぽさが少し残るくらいにざっくりと混ぜ、アーモンドを加えてよく混ぜ合わせる。

2　**1**を大さじ1弱ずつすくい、オーブン用シートを敷いた天板に間隔をあけて並べる。

3　180度に温めたオーブンに**2**を入れ、30分ほど焼く。取り出して天板にのせたまま冷ます。

卵白の量は個体差があるので、20gになるように調整を。材料を順に混ぜていき、ねっちりとした固めの生地になればOKです。

生地は焼くと直径5cmほどに広がるので、フォークなどでのばさなくても大丈夫。生地と生地は間隔を広めにとり、一度に焼けない場合は数回に分けて焼いてください。またその際、後で焼く生地は乾燥に注意し、ぬれ布巾やラップをかけて常温においておきましょう。

DROP COOKIE 06# マカダミアナッツとココナッツの
クリスピークッキー

ひと口ほおばれば、そのおいしさについつい手が伸びてしまいます。
ココナッツ&マカダミアナッツの食感と風味もクセになりそう。

[材料]　10〜12個分

マカダミアナッツ(ローストタイプ) … 50g
A 薄力粉 … 30g
　ココアパウダー … 小さじ1と1/2
卵白 … 1/2個分(20g)
グラニュー糖 … 100g
ココナッツ(ロング) … 30g

[下準備]

- マカダミアナッツは粗く刻む。
- **A**は合わせてざるでふるう。

[作り方]

1　ボウルに卵白、グラニュー糖を入れ、へらでよく混ぜ合わせる。**A**を加えて粉っぽさが少し残るくらいにざっくりと混ぜ、マカダミアナッツ、ココナッツを加えてよく混ぜ合わせる。

2　**1**を大さじ1弱ずつすくい、オーブン用シートを敷いた天板に間隔をあけて並べる。

3　180度に温めたオーブンに**2**を入れ、30分ほど焼く。取り出して天板にのせたまま冷ます。

ICEBOX COOKIE

焼く前に一度冷やすことで、サクサク&ホロリと崩れるような味わいに。
また、混ぜるときには、生地をボウルに押しつけて空気を抜きましょう!
なめらかでムラのない、美しい仕上がりになります。

ICEBOX COOKIE 01#

ココアクッキー

アイスボックスクッキーは、菜箸でギュギュッと押して
形をしっかり整えることも大切！見た目にも差が出てきます。

[材料] 20～22個分

A 薄力粉 … 80g
　ココアパウダー … 20g
バター（無塩）… 60g

B 砂糖 … 30g
　塩 … ひとつまみ
　卵黄 … 1個分
卵白 … 1個分
グラニュー糖 … 適量

[下準備]

- Aは合わせてざるでふるう。
- バターは電子レンジ（弱）でやわらかくなるまで30～40秒温める。

[作り方]

1. 混ぜる

ボウルにバターを入れてBを表記順に加え、そのつど泡立て器でよく混ぜる。Aも加え、へらで粉けがなくなるまで混ぜたら、

さらにボウルの側面にへらで生地を押しつけるようにして、

手で触ってもベタベタくっつかなくなるまで混ぜる。

2. 成形する

生地を棒状にのばし、

3. 焼く

オーブン用シートで包む。菜箸をあてて下側のオーブン用シートをひきながら直径約3cmの筒状にし、そのまま冷蔵室で2時間以上冷やす。

生地を冷蔵室から取り出して表面に卵白を薄くぬり、

グラニュー糖をまぶしつける。

端から1cm幅に切ってオーブン用シートを敷いた天板に並べ、170度に温めたオーブンで20分ほど焼く。取り出して天板にのせたまま冷ます。

ICEBOX COOKIE 02# チーズと白ごまのクッキー

甘さ控えめで、チーズ×白ごまが効いた塩味のクッキー。
食べれば食べるほど、その絶妙なおいしさの虜になります。

[材料] 20〜22個分

- **A** 薄力粉 … 75g
  ココアパウダー … 20g
- バター（無塩）… 60g
- **B** 砂糖 … 20g
  塩 … ひとつまみ
  卵黄 … 1個分
- 粉チーズ … 25g
- 白いりごま … 15g

[下準備]

- **A**は合わせてざるでふるう。
- バターは電子レンジ（弱）でやわらかくなるまで30〜40秒温める。

[作り方]

1. ボウルにバターを入れて**B**を表記順に加え、そのつど泡立て器でよく混ぜる。**A**、粉チーズ、白ごまも加え、へらで粉けがなくなるまで混ぜたら、さらにボウルの側面にへらで生地を押しつけるようにして混ぜる。

2. 1を棒状にのばし、オーブン用シートで包む。菜箸をあてて下側のオーブン用シートをひきながら直径約3cmの筒状にし、そのまま冷蔵室で2時間以上冷やす。

3. 2を取り出し、端から1cm幅に切ってオーブン用シートを敷いた天板に並べ、170度に温めたオーブンで20分ほど焼く。取り出して天板にのせたまま冷ます。

ICEBOX COOKIE 03# ミントとアーモンドのクッキー

ナッツや茶葉は好みのものに変えても〇Kです。
香りや風味で変化を出し、自分の好きな組み合わせを探しても！

[材料] 20〜22個分

- アーモンド（ローストタイプ）… 30g
- **A** 薄力粉 … 75g
  ココアパウダー … 20g
- バター（無塩）… 60g
- **B** 砂糖 … 30g
  塩 … ひとつまみ
  卵黄 … 1個分
- ミントティーの茶葉 … ティーバッグ1袋（約2g）
- 卵白 … 1個分
- グラニュー糖 … 適量

[下準備]

- アーモンドは粗く刻む。
- **A**は合わせてざるでふるう。
- バターは電子レンジ（弱）でやわらかくなるまで30〜40秒温める。

[作り方]

1. ボウルにバターを入れて**B**を表記順に加え、そのつど泡立て器でよく混ぜる。**A**、ミントティーの茶葉も加え、へらで粉けがなくなるまで混ぜたら、さらにボウルの側面にへらで生地を押しつけるようにして混ぜ、アーモンドも加えて混ぜ合わせる。

2. 1を棒状にのばし、オーブン用シートで包む。菜箸をあてて下側のオーブン用シートをひきながら直径約3cmの筒状にし、そのまま冷蔵室で2時間以上冷やす。

3. 2を取り出して表面に卵白を薄くぬり、グラニュー糖をまぶしつける。端から1cm幅に切ってオーブン用シートを敷いた天板に並べ、170度に温めたオーブンで20分ほど焼く。取り出して天板にのせたまま冷ます。

ICEBOX COOKIE 04# ホワイトチョコチップの きな粉クッキー

きな粉風味の懐かしい甘さは、年齢を問わず愛される味。
鮮やかなピスタチオのグリーンもプラスし、洗練された印象に。

[材料] 20〜22個分

ホワイトチョコレート … 1枚
ピスタチオ（ローストタイプ）… 20g
A 薄力粉 … 75g
　きな粉 … 20g
バター（無塩）… 60g
B 砂糖 … 30g
　塩 … ひとつまみ
　卵黄 … 1個分
卵白 … 1個分
グラニュー糖 … 適量

[下準備]

- チョコレート、ピスタチオは粗く刻む。
- **A**は合わせてざるでふるう。
- バターは電子レンジ（弱）でやわらかくなるまで30〜40秒温める。

[作り方]

1 ボウルにバターを入れて**B**を表記順に加え、そのつど泡立て器でよく混ぜる。**A**も加え、へらで粉がなくなるまで混ぜたら、さらにボウルの側面にへらで生地を押しつけるようにして混ぜ、チョコレート、ピスタチオも加えて混ぜ合わせる。

2 **1**を棒状にのばし、オーブン用シートで包む。菜箸をあてて下側のオーブン用シートをひきながら直径約3cmの筒状にし、そのまま冷蔵室で2時間以上冷やす。

3 **2**を取り出して表面に卵白を薄くぬり、グラニュー糖をまぶしつける。端から1cm幅に切ってオーブン用シートを敷いた天板に並べ、170度に温めたオーブンで20分ほど焼く。取り出して天板にのせたまま冷ます。

ICEBOX COOKIE 05# チョコレートディップの ヘーゼルナッツクッキー

ナッツとチョコレートのバランスで、ひとつひとつの表情が豊かに。
バニラ風味のクッキーには、ビターチョコレートが断然おすすめ。

[材料] 20〜22個分

薄力粉 … 110g
バニラビーンズ … 1/2本
バター(無塩) … 60g
A 砂糖 … 30g
　塩 … ひとつまみ
　卵黄 … 1個分
ヘーゼルナッツ(ローストタイプ) … 30g
ブラックチョコレート … 2枚

[下準備]

- 薄力粉はざるでふるう。
- バニラビーンズは縦に割り、指でしごいて種を取り出す。
- バターは電子レンジ(弱)でやわらかくなるまで30〜40秒温める。

[作り方]

1. ボウルにバターを入れて**A**を表記順に加え、そのつど泡立て器でよく混ぜる。薄力粉も加え、へらで粉けがなくなるまで混ぜたら、さらにボウルの側面にへらで生地を押しつけるようにして混ぜ、ヘーゼルナッツ、バニラビーンズも加えて混ぜ合わせる。

2. **1**を棒状にのばし、オーブン用シートで包む。菜箸をあてて下側のオーブン用シートをひきながら約2×4×20cmにし、そのまま冷蔵室で2時間以上冷やす。

3. **2**を取り出し、端から1cm幅に切ってオーブン用シートを敷いた天板に並べ、170度に温めたオーブンで20分ほど焼く。取り出して天板にのせたまま冷ます。

4. チョコレートをボウルに割り入れ、湯せんにかけて溶かす。**3**を半分だけ浸してオーブン用シートに並べ、よく乾かす。

POINT

チョコレートのつけ方は、P.31のクッキーのように斜め半分にしてもOK！ 乾かす際は、オーブン用シートの上に置くことで、くっつかずにはがれやすくなります。また、好みでチョコレートに米油を少々加えると、薄くコーティングできてツヤ感がさらにアップします。

ICEBOX COOKIE 06# ホワイトチョコディップの紅茶クッキー

さっくり、なめらかな紅茶風味のクッキーが最高に美味。
ホワイトチョコでコーティングし、お店に負けない完成度に。

[材料] 20〜22個分

薄力粉…110g
バター(無塩)…60g
A グラニュー糖…30g
　卵黄…1個分
紅茶の茶葉(アールグレイ)
　…ティーバッグ1袋(約3g)
ホワイトチョコレート…2枚

[下準備]

- 薄力粉はざるでふるう。
- バターは電子レンジ(弱)でやわらかくなるまで30〜40秒温める。

[作り方]

1. ボウルにバターを入れてAを表記順に加え、そのつど泡立て器でよく混ぜる。薄力粉も加えてへらで粉けがなくなるまで混ぜたら、紅茶の茶葉を加え、さらにボウルの側面にへらで生地を押しつけるようにして混ぜる。
2. 1を棒状にのばし、オーブン用シートで包む。菜箸をあてて下側のオーブン用シートをひきながら約2×4×20cmにし、そのまま冷蔵室で2時間以上冷やす。
3. 2を取り出し、端から1cm幅に切ってオーブン用シートを敷いた天板に並べ、170度に温めたオーブンで20分ほど焼く。取り出して天板にのせたまま冷ます。
4. チョコレートをボウルに割り入れ、湯せんにかけて溶かす。3を半分だけ浸してオーブン用シートに並べ、よく乾かす。

ICEBOX COOKIE 07# ホワイトチョコディップのほうじ茶クッキー

ほうじ茶の茶葉は細かくすりつぶしましょう!
口当たりや香りが格段によくなり、うっとりする味わいに。

[材料] 20〜22個分

薄力粉…110g
ほうじ茶の茶葉
　…ティーバッグ1袋(約3g)
バター(無塩)…60g
A 砂糖…30g
　卵黄…1個分
ホワイトチョコレート…2枚

[下準備]

- 薄力粉はざるでふるう。
- ほうじ茶の茶葉はすり鉢に入れ、すりこ木で細かくなるまですりつぶす。
- バターは電子レンジ(弱)でやわらかくなるまで30〜40秒温める。

[作り方]

1. ボウルにバターを入れてAを表記順に加え、そのつど泡立て器でよく混ぜる。薄力粉も加えてへらで粉けがなくなるまで混ぜたら、ほうじ茶の茶葉を加え、さらにボウルの側面にへらで生地を押しつけるようにして混ぜる。
2. 1を棒状にのばし、オーブン用シートで包む。菜箸をあてて下側のオーブン用シートをひきながら約2×4×20cmにし、そのまま冷蔵室で2時間以上冷やす。
3. 2を取り出し、端から1cm幅に切ってオーブン用シートを敷いた天板に並べ、170度に温めたオーブンで20分ほど焼く。取り出して天板にのせたまま冷ます。
4. チョコレートをボウルに割り入れ、湯せんにかけて溶かす。3を斜め半分だけ浸してオーブン用シートに並べ、よく乾かす。

SHORTBREAD

紅茶やコーヒーとも相性抜群で、ティータイムのお供にも◎。
作るときのポイントは、焼くときに竹串でしっかり穴を開けておくこと！
油分が多い生地がダレるのを防ぎ、形よく、さっくり仕上がります。

SHORTBREAD 01# ココアショートブレッド

粉砂糖を用いることで、雑味のないスッキリとした甘さに！
キレイな形を保つためにも、冷やした後は手早く作業を。

[材料]　18～20個分

A 薄力粉 … 60g
　アーモンドパウダー … 15g
　ココアパウダー … 5g
バター(無塩) … 50g

B 粉砂糖 … 20g
　塩 … ひとつまみ
　牛乳 … 小さじ1

[下準備]

- **A**は合わせてざるでふるう。
- バターは電子レンジ(弱)でやわらかくなるまで30～40秒温める。

[作り方]

1. 混ぜる

ボウルにバターを入れて**B**を表記順に加え、

そのつど泡立て器でよく混ぜる。

Aも加え、へらで粉けがなくなるまで混ぜたら、さらにボウルの側面にへらで生地を押しつけるようにして、手で触ってもベタベタくっつかなくなるまで混ぜる。

2. 冷やす

オーブン用シートを2枚用意し、1枚を敷いて生地を丸めてのせ、もう1枚ではさむ。上から押して生地を約1cm厚さ、10×15cmにのばし、そのまま冷蔵室で1時間以上冷やす。

3. 焼く

生地を冷蔵室から取り出して横半分に切り、端から約1.5cm幅の棒状に切る。

オーブン用シートを敷いた天板に並べ、それぞれ竹串で3か所穴を開ける。

170度に温めたオーブンで25分ほど焼き、取り出して天板にのせたまま冷ます。

SHORTBREAD 02# 黒ごまとホワイトチョコのショートブレッド

豊かなごまの風味とホワイトチョコの甘みが絶妙!
調和のとれたおいしさを、ぜひ堪能してください。

[材料] 16個分

ホワイトチョコレート … 1枚
A 薄力粉 … 70g
　アーモンドパウダー … 10g
バター(無塩) … 50g
B 粉砂糖 … 20g
　塩 … ひとつまみ
　牛乳 … 小さじ1
黒いりごま … 小さじ2

[下準備]

- チョコレートは粗く刻む。
- **A**は合わせてざるでふるう。
- バターは電子レンジ(弱)でやわらかくなるまで30〜40秒温める。

[作り方]

1　ボウルにバターを入れて**B**を表記順に加え、そのつど泡立て器でよく混ぜる。**A**も加え、へらで粉けがなくなるまで混ぜたら、さらにボウルの側面にへらで生地を押しつけるようにして混ぜ、チョコレート、黒ごまを加えて混ぜ合わせる。

2　オーブン用シートを2枚用意し、1枚を敷いて**1**を丸めてのせ、もう1枚ではさむ。上から押して生地を約1cm厚さ、10×15cmにのばし、そのまま冷蔵室で1時間以上冷やす。

3　**2**を取り出して、縦と横にそれぞれ3本ずつ切り込みを入れて長方形に切る。オーブン用シートを敷いた天板に並べ、それぞれ竹串で4か所穴を開ける。170度に温めたオーブンで25分ほど焼き、取り出して天板にのせたまま冷ます。

SHORTBREAD 03# スパイスココアのショートブレッド

舌の上で溶けていくような、軽やかな食感に夢中。
ビターな甘さにスパイシーな香りが加わり、食べ飽きません。

[材料] 16個分

A 薄力粉 … 55g
　アーモンドパウダー … 15g
　ココアパウダー … 5g
　シナモン、ナツメグ … 各小さじ1/2
バター(無塩) … 50g
B 砂糖 … 20g
　塩 … ひとつまみ
　牛乳 … 小さじ1
粗びき黒こしょう … 少々

[下準備]

- **A**は合わせてざるでふるう。
- バターは電子レンジ(弱)でやわらかくなるまで30〜40秒温める。

[作り方]

1　ボウルにバターを入れて**B**を表記順に加え、そのつど泡立て器でよく混ぜる。**A**も加え、へらで粉けがなくなるまで混ぜたら、さらにボウルの側面にへらで生地を押しつけるようにして混ぜる。

2　オーブン用シートを2枚用意し、1枚を敷いて**1**を丸めてのせ、生地に黒こしょうをふって、もう1枚ではさむ。上から押して生地を約1cm厚さ、10×15cmにのばし、そのまま冷蔵室で1時間以上冷やす。

3　**2**を取り出して、縦に3本、横に1本切り込みを入れ、さらに対角線状にも切り込みを入れて三角形に切る。オーブン用シートを敷いた天板に並べ、それぞれ竹串で3か所穴を開ける。170度に温めたオーブンで25分ほど焼き、取り出して天板にのせたまま冷ます。

SNOW BALL

コロコロとした愛らしい形と、口の中で崩れ、溶けていくような食感は、
焼く前に生地をしっかりと冷やし、休ませることで出来上がります。
このおいしさをたった3工程で作れるなんて、感動間違いなし。

SNOW BALL 01# ココアスノーボール

ココア生地のビタークッキーを真っ白な粉砂糖で包んだ一品。
ひと口食べた瞬間、驚きのサクサク感に心を奪われます。

[材料] 18〜19個分

ピーカンナッツ（ローストタイプ）
　…30g
A 薄力粉 … 50g
　アーモンドパウダー … 20g
　ココアパウダー … 小さじ1
バター（無塩）… 50g
砂糖 … 30g
粉砂糖 … 適量

[下準備]

- ピーカンナッツは刻む。
- **A**の薄力粉はざるでふるう。
- バターは電子レンジ（弱）でやわらかくなるまで30〜40秒温める。

[作り方]

1. 混ぜる

ボウルにバター、砂糖を入れて、

へらですり混ぜ、

ピーカンナッツ、**A**を加え、

生地をボウルの側面に押しつけるようにして混ぜ合わせる。

2. 丸めて、冷やす

生地を適量ずつ手の平で直径約2.5cmに丸めて、

バットに入れ、ラップをかけて冷蔵室で30分冷やす。

3. 焼く

生地をオーブン用シートを敷いた天板に間隔をあけて並べ、170度に温めたオーブンで表面に焼き色が軽くつくまで20分ほど焼く。

取り出して天板にのせたまま冷まし、粉砂糖をまぶす。

SNOW BALL 02# しょうが風味のココアスノーボール

しょうがの風味がアクセントになり、後を引きます。
砂糖&しょうがは、あれば"しょうが糖20g"で代用も可能！

[材料] 18〜19個分

A 薄力粉 … 50g
　アーモンドパウダー … 20g
　ココアパウダー … 小さじ1 (2g)
バター(無塩) … 50g
砂糖 … 30g
しょうがのみじん切り … 10g
粉砂糖 … 適量

[下準備]

- Aの薄力粉はざるでふるう。
- バターは電子レンジ(弱)でやわらかくなるまで30〜40秒温める。

[作り方]

1 ボウルにバター、砂糖を入れてへらですり混ぜ、A、しょうがを加え、生地をボウルの側面に押しつけるようにして混ぜ合わせる。

2 1を適量ずつ手の平で直径約2.5cmに丸めてバットに入れ、ラップをかけて冷蔵室で30分冷やす。

3 2をオーブン用シートを敷いた天板に間隔をあけて並べ、170度に温めたオーブンで焼き色が軽くつくまで20分ほど焼く。取り出して天板にのせたまま冷まし、粉砂糖をまぶす。

SNOW BALL 03# ブルーベリー入りブラックスノーボール

ココアとグラニュー糖は同量ずつ混ぜてまぶしましょう。
余ったら水で練ってペースト状にし、ココアドリンクにアレンジしても。

[材料] 18〜19個分

A 薄力粉 … 55g
　アーモンドパウダー … 20g
バター(無塩) … 50g
砂糖 … 30g
ブルーベリー(ドライ) … 18〜19粒
B ココアパウダー、
　グラニュー糖 … 各適量

[下準備]

- Aの薄力粉はざるでふるう。
- バターは電子レンジ(弱)でやわらかくなるまで30〜40秒温める。

[作り方]

1 ボウルにバター、砂糖を入れてへらですり混ぜ、Aを加え、生地をボウルの側面に押しつけるようにして混ぜ合わせる。

2 1を適量ずつ取ってブルーベリー1粒を包み、手の平で直径約2.5cmに丸めてバットに入れ、ラップをかけて冷蔵室で30分冷やす。

3 2をオーブン用シートを敷いた天板に間隔をあけて並べ、170度に温めたオーブンで焼き色が軽くつくまで20分ほど焼く。取り出して天板にのせたまま冷まし、混ぜ合わせたBをまぶす。

BISCOTTI

「2度焼いた」という意味のイタリア語がそのままお菓子の名前に。
1度焼いてから切ることで、生地が潰れず、シャープに仕上がります。
じっくり、カリカリに乾燥するまで焼くので、コーヒーに浸しながら食べても。

BISCOTTI 01# カシューナッツのココアビスコッティ

ほろ苦い香ばしさがたまらない、大人のおやつ。
甘いものが苦手な人にも、喜ばれるメニューです。

[材料] 約13個分

A 薄力粉…100g
　アーモンドパウダー…50g
　ココアパウダー…15g
　ベーキングパウダー
　　…小さじ1/2

B 卵(M玉)…1個
　グラニュー糖…60g
　塩…ひとつまみ
　カシューナッツ(ローストタイプ)
　　…50g

[下準備]

・**A**は合わせてざるでふるう。

[作り方]

1. 混ぜる

ボウルに**B**を入れ、泡立て器で白っぽくなるまですり混ぜる。

Aを加えてへらで粉けがなくなるまで混ぜ、

カシューナッツを加えて生地に埋め込むようにして混ぜ合わせる。

2. 成形する

オーブン用シートを敷いた天板に生地をのせ、約20×5cmの楕円形に成形して表面をならす。

170度に温めたオーブンで20分ほど焼き、取り出して生地が熱いうちに1.5cm幅の斜め切りにする。

3. 焼く

オーブン用シートを敷いた天板に生地の断面を上にして並べ、150度に温めたオーブンでさらに40分ほど焼く。取り出して天板にのせたまま冷ます。

BISCOTTI 02# メープルとピーカンナッツのココアビスコッティ

ココアやナッツの風味が生きた、素朴なクッキー。
ワインなどに添えれば、おつまみとしても喜ばれます。

[材料] 約13個分

ピーカンナッツ（ローストタイプ）… 50g
A 薄力粉 … 110g
　アーモンドパウダー … 50g
　ココアパウダー … 15g
　ベーキングパウダー … 小さじ1/2
B 卵 … 1個（M玉）
　メープルシロップ … 大さじ2
　塩 … ひとつまみ

[下準備]

- ピーカンナッツは粗く刻む。
- **A**は合わせてざるでふるう。

[作り方]

1 ボウルに**B**を入れ、泡立て器で白っぽくなるまですり混ぜる。**A**を加えてへらで粉けがなくなるまで混ぜ、ピーカンナッツを加えて生地に埋め込むようにして混ぜ合わせる。

2 オーブン用シートを敷いた天板に**1**をのせ、約20×5cmの楕円形に成形して表面をならす。170度に温めたオーブンで20分ほど焼き、取り出して生地が熱いうちに1.5cm幅の斜め切りにする。

3 オーブン用シートを敷いた天板に**2**の断面を上にして並べ、150度に温めたオーブンでさらに40分ほど焼く。取り出して天板にのせたまま冷ます。

BISCOTTI 03# チョコチップとココナッツのビスコッティ

はちみつ風味の生地にココナッツの味や食感が心地よくマッチ。
噛めば噛むほど、素材のうまみが実感できます。

[材料] 約13個分

ブラックチョコレート … 1枚
A 薄力粉 … 110g
　アーモンドパウダー … 50g
　ベーキングパウダー … 小さじ1/2
B 卵 … 1個（M玉）
　はちみつ … 大さじ2
　塩 … ひとつまみ
ココナッツ（ロング）… 30g

[下準備]

- チョコレートは粗く刻む。
- **A**は合わせてざるでふるう。

[作り方]

1 ボウルに**B**を入れ、泡立て器で白っぽくなるまですり混ぜる。**A**、ココナッツを加えてへらで粉けがなくなるまで混ぜ、チョコレートを加えて混ぜ合わせる。

2 オーブン用シートを敷いた天板に**1**をのせ、約20×5cmの楕円形に成形して表面をならす。170度に温めたオーブンで20分ほど焼き、取り出して生地が熱いうちに1.5cm幅の斜め切りにする。

3 オーブン用シートを敷いた天板に**2**の断面を上にして並べ、150度に温めたオーブンでさらに40分ほど焼く。取り出して天板にのせたまま冷ます。

SCONE

スコーンの醍醐味、外はサクサク、中はしっとり＆ほろほろ食感にするには、
「材料は直前まで冷やす」＆「手早く作業する」ことが大事！
さらに、作業中はバターを極力溶かさず、サラサラに混ぜていきましょう。

SCONE 01# 全粒粉とチョコレートのスコーン

全粒粉の香ばしさに、とろっと溶けたチョコレートが絶品。
焼きたての最もおいしい瞬間を楽しめるのは、手作りならではです。

[材料] 5個分

ブラックチョコレート … 1枚
A 薄力粉、全粒粉 … 各100g
　ベーキングパウダー … 小さじ2

B 卵黄 … 1個分
　牛乳 … 100mℓ
　グラニュー糖 … 20g
　塩 … 小さじ1/3
バター（無塩） … 80g
打ち粉、牛乳 … 各適量

[下準備]

- チョコレートは粗く刻む。
- Aは合わせてざるでふるい、Bは混ぜ合わせる。それぞれ冷蔵室に入れ、30分ほど冷やす。
- バターは1cm角に切り、冷蔵室で使う直前まで冷やす。

[作り方]

1. 混ぜる

ボウルにA、バターを入れ、カードまたはフォークで切るように混ぜ、

さらに指の腹や両手で手早くすり合わせて、

サラサラの状態にする。

Bを加えてへらで粉けがなくなるまで混ぜ、

チョコレートも加えて、少しこねるようにして生地の中に混ぜ込む。

2. 成形する

台に打ち粉をふって生地を取り出し、生地にも打ち粉をふる。手で上から押して平らにならし、約3cm厚さ、12×12cmにのばす。

四辺の端を約1cmずつ切り落として四角く形を整え、半分に切る。さらに対角線状に三角形に切って4等分にし、切れ端はひとつにまとめる。

3. 焼く

オーブン用シートを敷いた天板に生地を並べ、上面に牛乳を薄くぬる。190度に温めたオーブンで18分ほど焼き、取り出してケーキクーラーにのせて冷ます。

SCONE 02# ホワイトチョコレートとレーズンのスコーン

ホワイトチョコが生地全体をマイルドな優しい甘さにまとめます。
レーズンの凝縮したうまみで濃密な食べ応えに！

[材料] 5個分

ホワイトチョコレート … 1枚
A 薄力粉、全粒粉 … 各100g
　ベーキングパウダー … 小さじ2
B 卵黄 … 1個分
　牛乳 … 100mℓ
　グラニュー糖 … 20g
　塩 … 小さじ1/3
バター(無塩) … 80g
レーズン … 50g
打ち粉、牛乳 … 各適量

[下準備]

- チョコレートは粗く刻む。
- **A**は合わせてざるでふるい、**B**は混ぜる。それぞれ冷蔵室に入れ、30分ほど冷やす。
- バターは1cm角に切り、冷蔵室で使う直前まで冷やす。

[作り方]

1 ボウルに**A**、バターを入れ、カードまたはフォークで切るように混ぜ、さらに指の腹や両手で手早くすり合わせてサラサラの状態にする。**B**を加えてへらで粉けがなくなるまで混ぜ、チョコレート、レーズンも加えて、少しこねるようにして生地の中に混ぜ込む。

2 台に打ち粉をふって**1**を取り出し、生地にも打ち粉をふる。手で上から押して平らにならし、約3cm厚さ、12×12cmにのばす。四辺の端を約1cmずつ切り落として四角く形を整え、十字に切って4等分にする。切れ端はひとつにまとめる。

3 オーブン用シートを敷いた天板に**2**を並べ、上面に牛乳を薄くぬる。190度に温めたオーブンで18分ほど焼き、取り出してケーキクーラーにのせて冷ます。

SCONE 03# 黒ごまとあずきのココアスコーン

バターは使わず、オイルを活用することで手軽さもアップ。
あっさりしたスコーン生地には、和素材の滋味深さがよく合います。

[材料] 5個分

A 薄力粉 … 150g
　全粒粉 … 40g
　ココアパウダー、ベーキングパウダー … 各小さじ2
B 卵黄 … 1個分
　牛乳 … 100mℓ
　グラニュー糖 … 20g
　塩 … 小さじ1/3
C 黒練りごま … 50g
　米油(またはサラダ油) … 大さじ2
甘納豆(あずき) … 50g
打ち粉、牛乳 … 各適量

[下準備]

- **A**は合わせてざるでふるい、**B**は混ぜる。それぞれ冷蔵室に入れ、30分ほど冷やす。

[作り方]

1 ボウルに**C**を入れて混ぜる。**A**を加えてフォークで切るように混ぜ、さらに指の腹や両手で手早くすり合わせてサラサラの状態にする。**B**を加えてへらで粉けがなくなるまで混ぜ、甘納豆も加えて、少しこねるようにして生地の中に混ぜ込む。

2 台に打ち粉をふって**1**を取り出し、生地にも打ち粉をふる。手で上から押して平らにならし、約3cm厚さ、12×12cmにのばす。四辺の端を約1cmずつ包丁またはカードで切り落として四角く形を整え、縦4等分に切る。切れ端はひとつにまとめる。

3 オーブン用シートを敷いた天板に**2**を並べ、上面に牛乳を薄くぬる。190度に温めたオーブンで18分ほど焼き、取り出してケーキクーラーにのせて冷ます。

道具のこと
TOOL

身近な調理道具さえあれば、クッキーもケーキもパパッと作れます。スムーズに作業を進めるには、サイズ感や使い心地が重要なので、本書で使っているものを参考に選んでみてください。

☐ ボウル
直径20〜22cmのもの。大きすぎるのも、小さすぎるのも、粉などを混ぜるときに作業しづらくなるので、このサイズ感がベストです。

☐ へら
持ち手部分とへら先が一体化したシリコン製のもの。手入れがしやすいので清潔さをキープできるほか、作業中に力を入れやすいです。

☐ 泡立て器
27cmのもの。ボウルに入れてみて、柄がすべて外に出るくらいの大きさが、混ぜやすく、使いやすいです。選ぶときは、ボウルに合わせると◎。

☐ カード
少し"しなる"くらいの固さのものが扱いやすいです。握ったときに、自分の手にフィットするような、持ちやすいものを選びましょう。

☐ バット
20.5×16×3cmで熱伝導率が高く、冷却性にも優れたホーロー加工のもの。同じ大きさのステンレス製バットでも同様に作れます。

☐ オーブン用シート
生地が天板や型にくっついてしまうのを防ぐ、お菓子作りに欠かせないアイテム。使い捨てと繰り返し使えるタイプがありますので、好みのものを。

☐ 型
型はバットのほかに、「マフィン型（27×18×3cm）」「パウンド型（18×8×6cm）」「丸型（直径15cm）」を使用しています。材質によって値段が大きく異なるので、市販の紙製のものを活用してもOKです。また、この本のレシピでは、パウンドケーキを丸型で作っても大丈夫。逆に、丸型を使うガトーショコラをパウンド型でも作れるように調整していますので、お手元にある型で焼いてみてください。

材料のこと
INGREDIENTS

「CHOCOLATE BAKE」に欠かせないものをご紹介します。
特別なものは使っていないので、スーパーなどで手に入るものばかり。
材料をそろえる前や、何を購入するか迷ったときには、ぜひ一読を。

□ チョコレート

すべて板チョコを使用。主にカカオ風味の強いブラックチョコレートを用いていますが、風味のやさしいミルクチョコレートでも代用可能です。また、紅茶やフルーツなど、素材の味や香りを生かしたいときは、ホワイトチョコレートがおすすめ。

□ 薄力粉

さまざまな種類がありますが、近くのスーパーなどで手に入るものでOKです。ただし、開封したら早めに使い切ることを心がけ、保存期間は常温で3～4週間を目安に。もし難しい場合は、密閉用保存容器に入れ、冷蔵室で保存を。

□ ココアパウダー

種類によって風味に差があるので、お菓子作りに用いる場合は、カカオ100％のものを選び、砂糖などが入っていないものを！ 風味が増して香りよく仕上がります。また、開封後はしっかりと密閉し、冷蔵室で保存することで、おいしさが長続きします。

□ 砂糖

本書で「砂糖」と表記しているものは、すべて「きび砂糖」です。コクがあるきび砂糖は、味に深みを持たせたいときに使用し、スッキリとした甘さが特徴のグラニュー糖や粉砂糖は、味を引き締めたいときに重宝します。

□ バター

食塩不使用のものを。生地の風味を良くしてコクを与え、しっとり感もプラスできます。また、やわらかくするときは、常温においてもどすと風味が損なわれるので、電子レンジを使いましょう。10秒ずつ加熱し、様子を見ながらやわらかくすると◎。

□ 油

生地の質感を左右する油は、すべて米油を使用しています。米油は、オリーブ油や菜種油などの油に比べて強い風味がなく、単純な味なので、お菓子作りにぴったり。素材の味を邪魔せずに、しっかり生かすことができます。

□ ベーキングパウダー

生地をふくらます働きがあり、お菓子作りに欠かせません。開封してしばらく時間が経ったものは、生地のふくらみが悪くなるので注意を。しっかり密閉して常温で保存し、開封後は半年以内に使い切るようにしましょう。

□ 卵

卵黄は生地をしっとりさせてコクをプラスし、卵白は生地をふっくらふくらませたり、カリカリに仕上げたりします。また、卵は個体差がありますが、M玉を使用するビスコッティ以外は、「M玉」でも「L玉」でも、どちらを使っても作ることができます。

ラッピング
WRAPPING

家族や友人、大切な人へプレゼントする際、お菓子が上手に作れたら、ラッピングも素敵に仕上げたいもの。身近なアイテムで簡単にできる方法をお教えしますので、ぜひチャレンジを。

見た目がキレイなクッキーなどは、透明な袋に！ 無地の紙をいっしょにホチキスで留めれば、一言メッセージも添えられます。

ケーキは1切れずつオーブン用シートで包み、両端をねじると簡単に包めます。好みでマスキングテープなどを貼ると、華やかな印象に。

形がかわいいマフィンはオーブン用シートで包み、上でねじるだけでOK。造花やハーブなどを添えると、ワンランク上の仕上がりに。

ジャムなどの空き瓶を利用し、リボンで留めても。あれば、乾燥剤（シリカゲル）といっしょに入れると、おいしさも持続します。

ゼリーなどを作る際に使用する透明の容器は、サイズが小さいお菓子を詰めるのに最適。ふたはマスキングテープで留め、アクセントに。

木製の焼き型「パニムール」にペーパーを敷き、ケーキを入れます。さらに透明な袋にも入れ、麻ひもやリボンなどで結べば完成。

パウンドケーキやガトーショコラは、1台丸ごと、オーブン用シートで包んでも。太めのリボンで結べば、特別感を演出できます。

アルミ製の小さいパウンド型にクッキーを並べ入れ、透明な袋へ。持ち運びしやすく、中でお菓子が崩れにくいのもいいところ。

"NOT BAKE" CHOCOLATE

生チョコレート

おうちで簡単に作ったとは思えない仕上がりに感動！
口の中でスーッと溶け、幸せな余韻に浸れます。

[材料] 20.5×16×3cmのバット1台分

ブラックチョコレート … 3枚
A 生クリーム（脂肪分40％以上のもの） … 90㎖
　はちみつ … 大さじ1/2
ココアパウダー … 適量

[作り方]

1. チョコレートはボウルに割り入れ、湯せんにかけて溶かす。
2. 小鍋に**A**を入れて中火で熱し、湯気が立つくらいまで温める。1のボウルに加え、泡立て器を縦に持って空気が入らないようにゆっくり混ぜ合わせる。
3. オーブン用シートを敷いたバットに2を流し入れて粗熱をとり、冷蔵室で2時間ほど冷やし固める。ココアパウダーをふった台の上に取り出して3cm角に切り、さらにココアパウダーをまぶす。

POINT

混ぜるときに空気が入ると気泡などができてしまい、食感が悪くなります。焦らず、ゆっくり大きく混ぜるようにしましょう。

チョコは直接触ると体温で溶けてしまうので、ココアパウダーをチョコにも指にもたっぷりまぶしつけてから作業を。

焼かずにおいしい、チョコレートのお菓子もご紹介！
誰に食べてもらっても「おいしい!!」とビックリされる「生チョコ」と「ホットチョコレート」で、
板チョコレートでも作れる、本格的な味わいを楽しんでください。

ホットチョコレート

ココアとスパイスの香りでほっと安らぎ、リラックス。
ホットでもアイスでも、好きな飲み方で召し上がれ。

[材料]　作りやすい分量

A グラニュー糖 … 大さじ3
　　ココアパウダー … 大さじ2
　　シナモン … 少々
　　カルダモン … あれば少々
しょうがのしぼり汁 … 小さじ2
水 … 50㎖

[作り方]

1　ボウルにAを入れて小さめの泡立て器でよく混ぜる。しょうがのしぼり汁を加えて混ぜ合わせ、水を少量ずつ加えて溶きのばす。
※この状態で密閉用保存容器に入れ、冷蔵室で5〜6日保存可能。

2　カップに1を大さじ1入れ、温めた牛乳（または豆乳）約150㎖（分量外）を注ぎ、混ぜ合わせる。

POINT

しょうがのしぼり汁＆ココアパウダーで、体を温める効果が倍増！ 体の芯からぽかぽかしてきます。

水を一気にたくさん入れてしまうとダマの原因に。少量ずつ加え、なめらかなペースト状にしましょう。

寝ても覚めても、お菓子のこと

　子どものころからお菓子が好きだったので、高校を卒業後、すぐにお菓子屋さんで働きはじめました。はじめて見る巨大なオーブンやミキサー、そして山のように積まれた砂糖や卵に心を奪われ、生活はまさにお菓子一色！　どんどんのめり込んでいきました。

　さらに休日には、気になるお店への食べ歩きもスタート。お小遣いを最大限お菓子へ注ぐべく、行きは電車で向かい、地図帳を片手に目的のお店をまわりながら、帰りは数時間かけて歩くというパターンを続けました。いつしか地図帳は、お店や食べたものの記録で埋め尽くされ、自分の好みが一目瞭然で分かるほどにまで進化を遂げました。

　ただ、チョコレート専門店のみをまわる日に、はじめて"食べる戦いに完敗"。1店舗目こそ味の違いや繊細さに感動していましたが、3店舗目からは訳が分からなくなり、5店舗目では道端に座り込む事態に追い込まれました……。

　でも、この敗戦を経験し、ただでは転ばないのが僕のいいところ（笑）。この日を境に、今までの書き込みを見直してみると、感想に一貫性がなく、勉強という名目でただ単に、食べたいものを食べていただけだったと反省。計画的に食べ比べることで、いい意味で舌が慣れ、冷静に味を分析できるようになることが分かりました。以降、食べ歩きは、「ガトーショコラの日、ショートケーキの日、チーズケーキの日、シュークリームの日……」と、テーマを決めて実行するようになりました。

　そして今は、コンビニエンスストアで販売されているデザートやメーカーのお菓子、アイスクリーム、パンの研究に夢中。料理研究家という立場で、家庭でも作れるレシピを考え出す作業をするためには、専門店の商品だけを食べていると、影響は受けても参考にならず、作ってみたところで、ただレベルを下げたマネっこ料理になってしまうのです。なので、コンビニエンスストアに並ぶ、安価で誰でも手に取れる商品やヒット商品、季節ごとの新商品が、今の自分にはとても勉強になっています。

　……と、ついついカッコイイことを言ってしまいましたが、本当のところは、自分がただただお菓子が大好きなだけ。コンビニスイーツが一新されると、どう変化したのか喜んで食べ比べをします。しかも、チョコレート菓子にいたっては、季節ごとに随時発売される新商品を追いかけて、新しい味の組み合わせや、素材の使い方、トレンドなどを、前年のバージョンと比較しながら、食べています。それにしても、チョコレートがけのプレッツェルや、きのこ型＆たけのこ型のお菓子はバリエーションが出すぎて、新商品を追うのは本当に大変。ファンとしてはうれしいやら、困るやらで、いつもいつも必死で追いかけています。

　専門店、コンビニスイーツ、メーカーのお菓子……散策はこれからもずーっと続きますが、"お菓子を食べる、そして作る"を繰り返す日日が、僕にとっては最も楽しく、幸せな時間だなと、実感しています。

CAKE

CHOCOLATE BAKE

濃厚なチョコレートのうまみを堪能できる、
しっとり、なめらかな仕上がり。
人気メニューをそろえたラインナップは、
作る楽しみはもちろん、
大切な人へプレゼントする喜びも与えてくれるはず。
ぜひ、お試しください。

BROWNIE

ねっとり&しっとりとした生地に仕上げることが美味しさの秘訣。
混ぜるときは生地に空気が入らないように泡立て器を縦に持ってゆっくりと作業し、
焼くときは火の通しすぎに注意すれば、完璧です。

BROWNIE 01# ブラウニー

インスタントコーヒーを加えることで、風味よく、ぐっと奥深い味に。
たっぷり加えたくるみが、見た目と味のポイントになります。

[材料] 20.5×16×3cmのバット1台分

A ブラックチョコレート
　　…2枚
　バター（無塩）…50g
　くるみ（ローストタイプ）…80g
　薄力粉…50g

B コーヒー（粉末）…小さじ1/2
　卵…2個
　グラニュー糖…70g
　塩…ひとつまみ

[下準備]

- Aのチョコレートをボウルに割り入れてバターを加え、湯せんにかけて溶かす。
- くるみは半量を粗く刻む。
- 薄力粉はざるでふるう。

[作り方]

1. 混ぜる

AのボウルにBを表記順に入れ、泡立て器を縦に持って空気が入らないようにゆっくり混ぜ合わせる。

薄力粉を加えて同様に混ぜ、

刻んだくるみも加えて同様に混ぜる。

2. 焼く

オーブン用シートを敷いたバットに生地を流し入れ、残りのくるみを散らす。

160度に温めたオーブンで23分ほど焼き、竹串を刺して生地が少しついてくる状態で取り出し、そのまま冷ます。

POINT

「湯せんにかける」とは、ボウルの口径よりも少し大きな鍋に湯を沸かして火を止め、ボウルを重ねて中の材料を間接的に加熱することです。直接加熱しないので、焦げる心配もありません。また、湯せんにかける材料は小さく割ったり、切っておくと溶けやすいので、効率よく作業ができます。

BROWNIE 02# マシュマロとキャラメルのブラウニー

とろりと溶けたキャラメルが、より贅沢なおいしさへ。
しっとり、なめらかな口当たりに笑顔もこぼれます。

[材料] 20.5×16×3cmのバット1台分

A ブラックチョコレート … 2枚
　バター（無塩）… 50g
ミルクキャラメル（市販品）… 3〜4個
薄力粉 … 50g
B コーヒー（粉末）… 小さじ1/2
　卵 … 2個
　グラニュー糖 … 70g
　塩 … ひとつまみ
マシュマロ … 30g

[下準備]

- Aのチョコレートをボウルに割り入れてバターを加え、湯せんにかけて溶かす。
- ミルクキャラメルは5mm角に切る。
- 薄力粉はざるでふるう。

[作り方]

1. AのボウルにBを表記順に入れ、泡立て器を縦に持ってゆっくり混ぜ合わせる。薄力粉、ミルクキャラメルも加え、そのつど同様に混ぜる。

2. オーブン用シートを敷いたバットに1を流し入れ、マシュマロを散らす。160度に温めたオーブンで23分ほど焼き、竹串を刺して生地が少しついてくる状態で取り出し、そのまま冷ます。

BROWNIE 03# プルーンと黒糖のブラウニー

ラム酒の香りと黒糖のコクで、風味豊かなブラウニーに。
ほどよいプルーンの酸味を加え、バランスのいい一品が完成。

[材料] 20.5×16×3cmのバット1台分

A ブラックチョコレート … 2枚
　バター（無塩）… 50g
薄力粉 … 60g
B コーヒー（粉末）… 小さじ1/2
　ラム酒 … 大さじ1
　卵 … 2個
　黒糖（粉末）… 50g
　塩 … ひとつまみ
プルーン（ドライ）… 9〜10個

[下準備]

- Aのチョコレートをボウルに割り入れてバターを加え、湯せんにかけて溶かす。
- 薄力粉はざるでふるう。

[作り方]

1. AのボウルにBを表記順に入れ、泡立て器を縦に持ってゆっくり混ぜ合わせる。薄力粉も加え、同様に混ぜる。

2. オーブン用シートを敷いたバットに1を流し入れ、プルーンを散らす。160度に温めたオーブンで23分ほど焼き、竹串を刺して生地が少しついてくる状態で取り出し、そのまま冷ます。

BROWNIE 04# はちみつレモンブロンディー

ブラウニーをホワイトチョコで作ったものが"ブロンディー"。
レモンのさわやかさに、ほんのり甘い生地がよく合います。

[材料] 20.5×16×3cmのバット1台分

レモン … 1個
はちみつ … 大さじ2〜3
A ホワイトチョコレート … 2枚
　バター(無塩) … 40g
薄力粉 … 70g
B 卵 … 2個
　グラニュー糖 … 30g
　塩 … ひとつまみ

[下準備]

- レモンは皮をすりおろし、2〜3mm厚さの輪切りにする。輪切りは、はちみつで和えて1時間ほどおき、飾り用に9枚取り分けて、残りは粗みじん切りにする。
  ※はちみつで和えたときに出た、レモン汁は大さじ2を残しておく。
- **A**のチョコレートをボウルに割り入れてバターを加え、湯せんにかけて溶かす。
- 薄力粉はざるでふるう。

[作り方]

1. **A**のボウルに**B**を表記順に入れ、泡立て器を縦に持ってゆっくり混ぜ合わせる。薄力粉、粗みじん切りにしたレモン、レモン汁大さじ2、レモンの皮も加え、そのつど同様に混ぜる。

2. オーブン用シートを敷いたバットに**1**を流し入れ、飾り用のレモンをのせる。160度に温めたオーブンで23分ほど焼き、竹串を刺して生地が少しついてくる状態で取り出し、そのまま冷ます。

BROWNIE 05# 白桃ブロンディー

しっとり焼けた生地×ジューシーな桃でリッチなケーキに。
白桃のほかに、黄桃やパイン、キウイやりんごでも同様に作れます。

[材料]　20.5×16×3cmのバット1台分

A ホワイトチョコレート … 2枚
　バター(無塩) … 50g
薄力粉 … 70g
白桃の缶詰(半割りタイプ) … 4切れ
B 卵 … 2個
　グラニュー糖 … 30g
　塩 … ひとつまみ

[下準備]

- Aのチョコレートをボウルに割り入れてバターを加え、湯せんにかけて溶かす。
- 薄力粉はざるでふるう。
- 白桃はペーパータオルで水けをふく。

[作り方]

1　AのボウルにBを表記順に入れ、泡立て器を縦に持ってゆっくり混ぜ合わせる。薄力粉も加え、同様に混ぜる。

2　オーブン用シートを敷いたバットに1を流し入れ、白桃をのせる。160度に温めたオーブンに入れて23分ほど焼き、竹串を刺して生地が少しついてくる状態で取り出し、そのまま冷ます。

BROWNIE 06# 抹茶とバナナのブロンディー

ほろ苦い抹茶生地に、バナナの甘さが引き立ちます。
バナナは大胆にのせて、インパクトのある仕上がりに。

[材料]　20.5×16×3cmのバット1台分

A ホワイトチョコレート … 2枚
　バター(無塩) … 40g
バナナ … 1本
B 薄力粉 … 70g
　抹茶 … 大さじ2弱(10g)
C 卵 … 2個
　グラニュー糖 … 30g
　塩 … ひとつまみ

[下準備]

- Aのチョコレートをボウルに割り入れてバターを加え、湯せんにかけて溶かす。
- バナナは縦半分に切る。
- Bは合わせてざるでふるう。

[作り方]

1　AのボウルにCを表記順に入れ、泡立て器を縦に持ってゆっくり混ぜ合わせる。Bも加え、同様に混ぜる。

2　オーブン用シートを敷いたバットに1を流し入れ、バナナをのせる。160度に温めたオーブンに入れて23分ほど焼き、竹串を刺して生地が少しついてくる状態で取り出し、そのまま冷ます。

MUFFIN

「バター、砂糖を白っぽくなるまで混ぜて空気を入れること」と、
「粉は底から返すようにして手早く混ぜること」がおいしく作るコツ。
ふんわり感が高まり、口の中で溶けていくような極上の一品に。

MUFFIN 01# チョコとブルーベリーのクランブルマフィン

ブルーベリーは生地に混ぜ込むと、皮が破けてしまうことも。
型に生地を入れるときに加えたり、上にのせたりしましょう。

[材料] 6個分

ブラックチョコレート … 1枚
A 薄力粉 … 150g
　ベーキングパウダー … 小さじ1
バター(無塩) … 50g
砂糖 … 80g
卵 … 1個
ヨーグルト(無糖) … 50g
ブルーベリー(冷凍でも可) … 80g
クランブル(下記参照) … 適量

[下準備]

- チョコレートは粗く刻む。
- **A**は合わせてざるでふるう。
- バターは電子レンジ(弱)でやわらかくなるまで30〜40秒温める。

[作り方]

1. 混ぜる

ボウルにバター、砂糖を入れて泡立て器で白っぽくなるまですり混ぜ、

卵を加えて砂糖が溶けるまでよく混ぜる。

ヨーグルト、**A**も加えて、へらで底から返すようにして粉けがなくなるまで混ぜ、

チョコレートを加えてさらに混ぜ合わせる。

2. 焼く

紙カップを敷いたマフィン型に、生地をスプーンで均等に入れる。途中、ブルーベリーを1/6量ずつ間に加えて生地をかぶせるようにのせ、

クランブルを均等にのせる。170度に温めたオーブンで30分ほど焼いて取り出し、型から出してケーキクーラーにのせて冷ます。

CRUMBLE
クランブル

[材料] 作りやすい分量

バター(無塩) … 20g
A 薄力粉、アーモンドパウダー … 各25g
　グラニュー糖 … 15g
　塩、シナモン … 各ひとつまみ

[作り方]

1　バターは1cm角に切り、冷蔵室で使う直前まで冷やす。

2　ボウルに**A**を入れてサッと混ぜ、**1**を加えて指の腹で潰しながら、両手でも手早くすり合わせてぽろぽろのそぼろ状にする。

※余ったら、密閉用保存容器に入れて冷凍室で1週間ほど保存可能。

MUFFIN 02# マンゴーとココナッツのマフィン

カリッと焼き上がったココナッツとしっとりマンゴーがたっぷり。
南国の香りがする、なんともいえないおいしさへと導きます。

[材料] 6個分

ホワイトチョコレート … 1枚
マンゴー(ドライ) … 50g
A 薄力粉 … 150g
　ベーキングパウダー … 小さじ1
バター(無塩) … 50g
グラニュー糖 … 80g
卵 … 1個
ヨーグルト(無糖) … 60g
ココナッツ(ロング) … 適量

[下準備]

- チョコレートは粗く刻み、マンゴーは2cm幅に切る。
- **A**は合わせてざるでふるう。
- バターは電子レンジ(弱)でやわらかくなるまで30～40秒温める。

[作り方]

1. ボウルにバター、グラニュー糖を入れて泡立て器で白っぽくなるまですり混ぜ、卵を加えてグラニュー糖が溶けるまでよく混ぜる。ヨーグルト、**A**も加えて、へらで底から返すようにして粉けがなくなるまで混ぜ、チョコレート、マンゴーを加えてさらに混ぜ合わせる。

2. 紙カップを敷いたマフィン型に**1**をスプーンで均等に入れ、ココナッツも均等にのせる。170度に温めたオーブンで30分ほど焼いて取り出し、型から出してケーキクーラーにのせて冷ます。

MUFFIN 03# 干しいもとあんずのマフィン

ココア生地に干しいもとあんずの自然な甘みが映える!
日本茶と合わせ、ほっとするおやつタイムを。

[材料] 6個分

A 薄力粉 … 120g
　ココアパウダー … 20g
　ベーキングパウダー … 小さじ1
B 干しいも … 40g
　あんず(ドライ) … 40g
バター(無塩) … 50g
グラニュー糖 … 80g
卵 … 1個
ヨーグルト(無糖) … 60g

[下準備]

- **A**は合わせてざるでふるう。
- **B**はそれぞれ2cm大に切る。
- バターは電子レンジ(弱)でやわらかくなるまで30～40秒温める。

[作り方]

1. ボウルにバター、グラニュー糖を入れて泡立て器で白っぽくなるまですり混ぜ、卵を加えてグラニュー糖が溶けるまでよく混ぜる。ヨーグルト、**A**も加えて、へらで底から返すようにして粉けがなくなるまで混ぜ、**B**を加えてさらに混ぜ合わせる。

2. 紙カップを敷いたマフィン型に**1**をスプーンで均等に入れる。170度に温めたオーブンで30分ほど焼いて取り出し、型から出してケーキクーラーにのせて冷ます。

MUFFIN 04# オレンジとチョコのココアクランブルマフィン

甘酸っぱい柑橘とチョコレートは最高の組み合わせ。
オレンジは皮も実も丸ごと活用することで、風味も倍増します。

[材料] 6個分

- ブラックチョコレート … 1枚
- オレンジのシロップ煮(右記参照) … 1個分
- **A** 薄力粉 … 150g
  ベーキングパウダー … 小さじ1
- バター(無塩) … 50g
- 砂糖 … 80g
- 卵 … 1個
- ヨーグルト(無糖) … 50g
- オレンジの皮のすりおろし … 1個分
- ココアクランブル(右記参照) … 適量

[下準備]

- チョコレートは粗く刻む。オレンジのシロップ煮は飾り用に6枚残しておき、残りは1cm角に刻む。
- **A**は合わせてざるでふるう。
- バターは電子レンジ(弱)でやわらかくなるまで30〜40秒温める。

[作り方]

1. ボウルにバター、砂糖を入れて泡立て器で白っぽくなるまですり混ぜ、卵を加えて砂糖が溶けるまでよく混ぜる。ヨーグルト、**A**も加えて、へらで底から返すようにして粉けがなくなるまで混ぜ、チョコレート、1cm角に切ったオレンジ、オレンジの皮を加えてさらに混ぜ合わせる。

2. 紙カップを敷いたマフィン型に**1**をスプーンで均等に入れ、ココアクランブルも均等にのせて飾り用のオレンジを1枚ずつおく。170度に温めたオーブンで30分ほど焼いて取り出し、型から出してケーキクーラーにのせて冷ます。

CRUMBLE
ココアクランブル

[材料] 作りやすい分量

- バター(無塩) … 20g
- **A** 薄力粉、アーモンドパウダー … 各15g
  グラニュー糖 … 15g
  ココアパウダー … 5g
  塩 … ひとつまみ

[作り方]

1. バターは1cm角に切り、冷蔵室で使う直前まで冷やす。

2. ボウルに**A**を入れてサッと混ぜ、**1**を加えて指の腹で潰しながら、両手でも手早くすり合わせてぼろぼろのそぼろ状にする。

※余ったら、密閉用保存容器に入れて冷凍室で1週間ほど保存可能。

ORANGE SYRUP
オレンジのシロップ煮

[材料] 作りやすい分量

- オレンジ(皮をすりおろしたもの) … 1個
- **A** グラニュー糖 … 50g
  水 … 150㎖

[作り方]

1. オレンジを5mm厚さの輪切りにする。

2. 小鍋に**A**を入れて中火で熱し、煮立ったら**1**を加える。再度煮立ったら弱火にし、オレンジのフチが半透明になるまで10分ほど煮て、そのまま冷ます。

MUFFIN 05# 練乳入りココアクッキーマフィン

手で大胆に割ったココアクッキーが目を引くメニュー。
心もお腹も満たす、驚きのボリュームに感激。

[材料] 6個分

A 薄力粉 … 150g
　ベーキングパウダー … 小さじ1
バター(無塩) … 50g
砂糖 … 50g
練乳 … 大さじ2
卵 … 1個
ヨーグルト(無糖) … 30g
ココアクッキー(クリームサンドタイプ) … 8枚

[下準備]

- **A**は合わせてざるでふるう。
- バターは電子レンジ(弱)でやわらかくなるまで30〜40秒温める。

[作り方]

1 ボウルにバター、砂糖、練乳を入れて泡立て器で白っぽくなるまですり混ぜ、卵を加えて砂糖が溶けるまでよく混ぜる。ヨーグルト、**A**も加えて、へらで底から返すようにして粉けがなくなるまで混ぜる。

2 紙カップを敷いたマフィン型に**1**をスプーンで均等に入れ、2〜3等分に割ったココアクッキーを均等に差し込む。170度に温めたオーブンで30分ほど焼いて取り出し、型から出してケーキクーラーにのせて冷ます。

MUFFIN 06# チョコレートクランブルマフィン

ココアクランブル×ココア生地で格別なおいしさに。
チョコ好きにはたまらない、濃厚な味わいがクセになりそう。

[材料] 6個分

ブラックチョコレート … 1枚
A 薄力粉 … 120g
　ココアパウダー … 20g
　ベーキングパウダー … 小さじ1
バター(無塩) … 50g
砂糖 … 80g
卵 … 1個
ヨーグルト(無糖) … 50g
ココアクランブル(P.73参照) … 適量

[下準備]

- チョコレートは粗く刻む。
- **A**は合わせてざるでふるう。
- バターは電子レンジ(弱)でやわらかくなるまで30〜40秒温める。

[作り方]

1 ボウルにバター、砂糖を入れて泡立て器で白っぽくなるまですり混ぜ、卵を加えて砂糖が溶けるまでよく混ぜる。ヨーグルト、**A**も加えて、へらで底から返すようにして粉けがなくなるまで混ぜ、チョコレートを加えてさらに混ぜ合わせる。

2 紙カップを敷いたマフィン型に**1**をスプーンで均等に入れ、ココアクランブルも均等にのせる。170度に温めたオーブンで30分ほど焼いて取り出し、型から出してケーキクーラーにのせて冷ます。

POUND CAKE

バターやチョコレートが粉と分離しないよう、
入れるタイミングはレシピをしっかり守りましょう!
チョコレートを溶かして加えることで、濃厚なパウンドケーキが完成します。

POUND CAKE 01# スパイシーチョコレートケーキ

スパイス類は好みのものや家にあるもので大丈夫。
少量でも加えることで、奥行きのある味になります。

[材料] 18×8×6cmのパウンド型1台分

ブラックチョコレート … 1枚
A 薄力粉 … 75g
　ココアパウダー … 20g
　ベーキングパウダー … 小さじ1
　スパイス (シナモン、カルダモン、
　　オールスパイスなど) … 少々

B バター (無塩) … 90g
　グラニュー糖 … 50g
　アーモンドパウダー … 30g
卵 … 2個

[下準備]

- チョコレートはボウルに割り入れ、湯せんにかけて溶かす。
- **A**は合わせてざるでふるう。
- **B**のバターは電子レンジ (弱) でやわらかくなるまで30〜40秒温める。

[作り方]

1. 混ぜる

ボウルに**B**を入れて泡立て器で白っぽくなるまですり混ぜ、

卵を少しずつ加えて分離しないようによく混ぜる。

チョコレートも加えて混ぜ合わせたら、

Aも加えて、

2. 焼く

へらで底から返すようにして粉けがなくなるまでしっかり混ぜる。

オーブン用シートを敷いた型に生地をへらですくって入れ、中央をヘコますようにして表面をならす。

170度のオーブンで35分ほど焼き、生地が割れた部分に竹串を刺して生地がついてこなければ取り出す。型から出し、ケーキクーラーにのせて冷ます。

POINT

オーブン用シートはパウンド型の底に当て、型に沿って折り目をつけてから、4か所に切り込みを入れましょう。型のサイズにぴったり合い、見栄えよく仕上がります。

POUND CAKE 02# ラズベリーとチョコチップのケーキ

ホワイト＆ブラック、2種のチョコレートで甘みに広がりを！
さらに甘酸っぱいラズベリーも合わせて至福のおいしさに。

[材料] 18×8×6cmのパウンド型1台分

- チョコレート（ホワイト、ブラック）… 各1枚
- **A** 薄力粉 … 100g
  ベーキングパウダー … 小さじ1
- **B** バター（無塩）… 90g
  グラニュー糖 … 50g
  アーモンドパウダー … 30g
- 卵 … 2個
- ラズベリー（冷凍でも可）… 50g

[下準備]

- ホワイトチョコレートはボウルに割り入れ、湯せんにかけて溶かす。ブラックチョコレートは粗く刻む。
- **A**は合わせてざるでふるう。
- **B**のバターは電子レンジ（弱）でやわらかくなるまで30〜40秒温める。

[作り方]

1. ボウルに**B**を入れて泡立て器で白っぽくなるまですり混ぜ、卵を少しずつ加えてよく混ぜる。ホワイトチョコレートも加えて混ぜ合わせたら、**A**を加えてへらで底から返すようにして粉けがなくなるまでしっかり混ぜる。ブラックチョコレート、ラズベリーも加え、軽く混ぜ合わせる。

2. オーブン用シートを敷いた型に**1**をへらですくって入れ、生地の中央をヘコますようにして表面をならす。170度のオーブンで35分ほど焼き、竹串を刺して生地がついてこなければ取り出す。型から出し、ケーキクーラーにのせて冷ます。

POUND CAKE 03# ラムレーズンのチョコレートケーキ

ラム酒の香りを堪能できる、幸せの味。
表面に散らしたアーモンドの香ばしさも食欲を刺激します。

[材料] 18×8×6cmのパウンド型1台分

- ブラックチョコレート … 1枚
- **A** 薄力粉 … 75g
  ココアパウダー … 20g
  ベーキングパウダー … 小さじ1
- **B** バター（無塩）… 90g
  グラニュー糖 … 50g
  アーモンドパウダー … 30g
- 卵 … 2個
- ラムレーズン（市販品）… 50g
- スライスアーモンド（ローストタイプ）… 適量

[下準備]

- チョコレートはボウルに割り入れ、湯せんにかけて溶かす。
- **A**は合わせてざるでふるう。
- **B**のバターは電子レンジ（弱）でやわらかくなるまで30〜40秒温める。

[作り方]

1. ボウルに**B**を入れて泡立て器で白っぽくなるまですり混ぜ、卵を少しずつ加えてよく混ぜる。チョコレートも加えて混ぜ合わせたら、**A**を加えてへらで底から返すようにして粉けがなくなるまでしっかり混ぜる。ラムレーズンも加え、軽く混ぜ合わせる。

2. オーブン用シートを敷いた型に**1**をへらですくって入れ、生地の中央をヘコますようにして表面をならし、アーモンドを散らす。170度のオーブンで35分ほど焼き、竹串を刺して生地がついてこなければ取り出す。型から出し、ケーキクーラーにのせて冷ます。

POUND CAKE 04# 紅茶とホワイトチョコレートのケーキ

ホワイトチョコをたっぷりかけた、華やかなケーキ。
贅沢な食べ心地は、おもてなしやプレゼントにも！

[材料] 18×8×6cmのパウンド型1台分

ホワイトチョコレート … 3枚
A 薄力粉 … 90g
　ベーキングパウダー … 小さじ1
B バター(無塩) … 90g
　グラニュー糖 … 50g
　アーモンドパウダー … 30g
卵 … 2個
紅茶の茶葉 (アッサム)
　… ティーバッグ1袋 (約3g)

[下準備]

- チョコレート1枚はボウルに割り入れ、湯せんにかけて溶かす。
- **A**は合わせてざるでふるう。
- **B**のバターは電子レンジ (弱) でやわらかくなるまで30〜40秒温める。

[作り方]

1 ボウルに**B**を入れて泡立て器で白っぽくなるまですり混ぜ、卵を少しずつ加えてよく混ぜる。溶かしたチョコレートも加えて混ぜ合わせたら、**A**、紅茶の茶葉を加え、へらで底から返すようにして粉けがなくなるまでしっかり混ぜる。

2 オーブン用シートを敷いた型に**1**をへらですくって入れ、生地の中央をヘコますようにして表面をならす。170度のオーブンで35分ほど焼き、竹串を刺して生地がついてこなければ取り出す。型から出し、ケーキクーラーにのせて冷ます。

3 チョコレート2枚をボウルに割り入れ、湯せんにかけて溶かす。**2**にかけ、チョコレートが固まるまでそのままおく。

GATEAU AU CHOCOLAT

自分で作れたらうれしい、とっておきのチョコレートケーキ。
水分が多い生地なので、竹串を刺して生地が少しついてくる状態で完成です。
アツアツのできたてはもちろん、冷やして食べても美味!

GATEAU AU CHOCOLAT 01#

ガトーショコラ

チョコレートのおいしさがギュッと凝縮した、王道の味！
ざくざく入ったピーカンナッツが心地よいケーキです。

[材料] 直径15cmの丸型1台分

- ブラックチョコレート … 2枚
- **A** 薄力粉 … 70g
  ココアパウダー … 10g
  ベーキングパウダー … 小さじ1
- バター（無塩）… 70g
- グラニュー糖 … 50g
- 卵 … 2個
- ピーカンナッツ（ローストタイプ）… 50g

[下準備]

- チョコレートはボウルに割り入れ、湯せんにかけて溶かす。
- **A**は合わせてざるでふるう。
- バターは電子レンジ（弱）でやわらかくなるまで30～40秒温める。

[作り方]

1. 混ぜる

ボウルにバター、グラニュー糖を入れて泡立て器で白っぽくなるまですり混ぜる。

チョコレートを加えて手早く混ぜ、

卵を1個ずつ加えてそのつどよく混ぜる。

Aも加え、泡立て器を縦に持って空気が入らないようにゆっくり混ぜ合わせ、ピーカンナッツも加えて軽く混ぜる。

2. 焼く

オーブン用シートを敷いた型に生地を流し入れ、

170度のオーブンで30分ほど焼く。

竹串を刺して生地が少しついてくる状態で取り出し、型に入れたまま冷ます。

POINT

ケーキを焼くときに丸型を使う場合は、丸型用にカットしてある、市販のオーブン用シートを用いると便利。もし手に入らない場合は、オーブン用シートを底に合わせて丸く切ったものと、側面の高さに合わせて長方形に切ったものを用意しましょう。

(84)

GATEAU AU CHOCOLAT 02#

甘納豆とシナモンのガトーショコラ

シナモンの香りで風味よく、スパイシーに！
甘納豆×チョコレートのこっくりとした味わいも新鮮！

[材料] 直径15cmの丸型1台分

ブラックチョコレート … 2枚
A 薄力粉 … 70g
　ココアパウダー … 大さじ1
　ベーキングパウダー … 小さじ1
　シナモン … 小さじ1/2
バター(無塩) … 70g
グラニュー糖 … 50g
卵 … 2個
甘納豆 … 80g

[下準備]

- チョコレートはボウルに割り入れ、湯せんにかけて溶かす。
- **A**は合わせてざるでふるう。
- バターは電子レンジ(弱)でやわらかくなるまで30〜40秒温める。

[作り方]

1 ボウルにバター、グラニュー糖を入れて泡立て器で白っぽくなるまですり混ぜる。チョコレートを加えて手早く混ぜ、卵を1個ずつ加えてそのつどよく混ぜる。**A**も加え、泡立て器を縦に持って空気が入らないようにゆっくり混ぜ合わせる。

2 オーブン用シートを敷いた型に**1**を流し入れて甘納豆を散らし、170度のオーブンで30分ほど焼く。竹串を刺して生地が少しついてくる状態で取り出し、型に入れたまま冷ます。

GATEAU AU CHOCOLAT 03#

いちじくとウィスキーのガトーショコラ

芳醇なウィスキーと濃密ないちじくを組み合わせ、
さらにおいしくレベルアップ！ お店にも負けない味わいに。

[材料] 直径15cmの丸型1台分

ブラックチョコレート … 2枚
A 薄力粉 … 70g
　ココアパウダー … 10g
　ベーキングパウダー … 小さじ1
バター(無塩) … 70g
グラニュー糖 … 50g
B 卵 … 1個
　卵黄 … 1個分
　ウィスキー … 50ml
いちじく(セミドライ) … 50g

[下準備]

- チョコレートはボウルに割り入れ、湯せんにかけて溶かす。
- **A**は合わせてざるでふるう。
- バターは電子レンジ(弱)でやわらかくなるまで30〜40秒温める。

[作り方]

1 ボウルにバター、グラニュー糖を入れて泡立て器で白っぽくなるまですり混ぜる。チョコレートを加えて手早く混ぜ、**B**を表記順に加えてそのつどよく混ぜる。**A**も加え、泡立て器を縦に持って空気が入らないようにゆっくり混ぜ合わせる。

2 オーブン用シートを敷いた型に**1**を流し入れていちじくを散らし、170度のオーブンで30分ほど焼く。竹串を刺して生地が少しついてくる状態で取り出し、型に入れたまま冷ます。

GATEAU AU CHOCOLAT 04# パイナップルのガトーショコラ

ジューシーなパイナップルに、黒こしょうをほんの少しプラス。
甘くなりすぎず、キリッと引き締まった印象になります。

[材料] 直径15cmの丸型1台分

ブラックチョコレート … 2枚
パイナップル … 80g
A 薄力粉 … 70g
　ココアパウダー … 10g
　ベーキングパウダー … 小さじ1
バター(無塩) … 70g
グラニュー糖 … 50g
黒こしょう … 少々
卵 … 2個

[下準備]

- チョコレートはボウルに割り入れ、湯せんにかけて溶かす。
- パイナップルは3〜4cm角に切る。
- **A**は合わせてざるでふるう。
- バターは電子レンジ(弱)でやわらかくなるまで30〜40秒温める。

[作り方]

1 ボウルにバター、グラニュー糖、黒こしょうを入れて泡立て器で白っぽくなるまですり混ぜる。チョコレートを加えて手早く混ぜ、卵を1個ずつ加えてそのつどよく混ぜる。**A**も加え、泡立て器を縦に持って空気が入らないようにゆっくり混ぜ合わせる。

2 オーブン用シートを敷いた型に**1**を流し入れてパイナップルを散らし、170度のオーブンで30分ほど焼く。竹串を刺して生地が少しついてくる状態で取り出し、型に入れたまま冷ます。